# BERLIN
# GESCHICHTE

Giebel, Wieland:
Berlin Geschichte
1. Auflage – Berlin: Berlin Story Verlag 2011
ISBN 978-3-86368-046-6

Umschlag und Satz: Norman Bösch


Unter den Linden 40, 10117 Berlin
Tel.: (030) 51 73 63 08
Fax: (030) 51 73 63 06
www.BerlinStory-Verlag.de
E-Mail: Service@AllesUeberBerlin.com

**WWW.BERLINSTORY-VERLAG.DE**

# INHALTSVERZEICHNIS



*< Der Potsdamer Platz. Wir empfinden dieses Bild als nostalgisch. Damals galt der Platz als hektisch. An der Baumreihe erkennt man die Lage der Alten Potsdamer Straße heute.*

*Claudia Melisch, Ausgrabungsleiterin, zeigt Mitarbeitern der Berlin Story und der Historiale den ältesten Friedhof Berlins. Geschichte wird lebendig. Die ehemalige Petrikirche ist ins Bild montiert.*

# KEINE ATEMPAUSE – GESCHICHTE WIRD GEMACHT

Keine Atempause – Geschichte wird gemacht. Zeit für Atempause haben wir kaum, hatten wir auch früher nicht. Und dass in Berlin Geschichte gemacht wird, steht außer Frage. Das zwanzigste Jahrhundert wurde mehr oder weniger hier gestaltet mit dem Ersten Weltkrieg, der Zeit des Nationalsozialismus, dem Zweiten Weltkrieg, dem Kalten Krieg, dem Bau und schließlich dem Fall der Mauer. Mit dem 9. November 1989 haben wir eben noch so die Kurve gekriegt. Jetzt fühlen wir uns wieder in den Reihen der zivilisierten Völker zurück.

Keine Atempause – Geschichte wird gemacht, wie es in der Hymne der Hausbesetzer aus den achtziger Jahren heißt. Geschichte wird gemacht und gelegentlich zu schnell wieder weggepackt. Wie die Mauer. Jeder Tourist fragt nach ihr; man kann sich das Grauen der Mauer aber gar nicht mehr vorstellen, denn man kann fast nichts mehr davon finden. Mehr sehen kann man von der Kaiserzeit, von den großen Repräsentationsbauten – in den kommenden Jahren wird auch das Stadtschloss wiedererstehen. Der Fall der Mauer hat aber auch Auswirkungen auf unser Wissen über die ganz frühe Geschichte, die Gründungszeit Berlins. Denn heute können, weil so viel gebaut wird, die Wurzeln der Stadt ausgegraben werden. Erst gehen Archäologen ans Werk, anschließend dürfen die Bauherren anfangen. Manchmal kommt es zu Spannungen, weil die einen gründlich ausgraben, die anderen gern schnell bauen wollen. Aber im Laufe der Zeit entwickelt sich gegenseitiges Verständnis. Auf historischem Grund Zukunft zu gestalten ist eben etwas ganz anderes als am Rande der Stadt ein Autohaus oder einen Möbelmarkt hochzuziehen.

## SEIT DIE MAUER FIEL, WIRD IN MITTE DIE VERGANGENHEIT AUSGEGRABEN

Berlins Mitte hat sich seit 1989 intensiv umgestaltet. Der Bezirk lag im Osten Berlins, vom Westen aus betrachtet also hinter der Mauer, die West-Berlin umschloss. In Mitte befanden sich stets die staatlichen Repräsentationsbauten, die großen Museen, Bühnen und heute wieder die Regierung sowie im Reichstagsgebäude das Parlament. Und hier entstand Berlin.

Die beiden Gründungsorte kann man immer noch lokalisieren. Das Nikolaiviertel war das ursprüngliche Berlin. Die

*Die Petrikirche in ursprünglichen Form. Hier predigt Pfarrer Symeon, der die erste Urkunde unterzeichnet, in der die Stadt genannt wird. Auf dem Markt hinten wurden streunende Hunde gehandelt.*

*Berlin und Cölln im Jahr der Ersterwähnung 1237. Die Spree fließt träge von Cöpenick im Südosten über Berlin nach Spandau im Westen. Erst seit 10 000 Jahren ist das dünn besiedelte Tal frei von Eis.*

heutige Fischerinsel war das alte Cölln, der andere Teil der Doppelstadt. Heute stehen hier Hochhäuser aus der DDR-Zeit. Den Norden der Insel zwischen den beiden Armen der Spree kennt man heute als Museumsinsel.

## GEMESSEN AN ANDEREN METROPOLEN IST BERLIN EINE RECHT JUNGE STADT

Die zurzeit wichtigsten Ausgrabungen finden im Herzen des historischen Cölln statt. Rund um die verschwundene Petrikirche erforschen Archäologen einen Friedhof; eigentlich sind es sogar mehrere Friedhöfe übereinander. Ausgrabungsleiterin Claudia Melisch legte auch Kirchenfundamente und eine Lateinschule frei. Berlinerinnen und Berliner strömten zu den Ausgrabungen, um einen Blick in die Frühzeit der Stadt zu werfen.

Besucher aus Athen, Rom, Istanbul oder Köln finden, dass Berlin eigentlich nicht alt sei. Tatsächlich ist die Stadt ein Nachzügler, ein Spätentwickler. Als andere Orte bereits ausgeklügelte Abwassersysteme, demokratische Verfassungen, Amphitheater und elegante Badehäuser hatten, war an Berlin noch gar nicht zu denken. Hier gab es nur Sümpfe und Wölfe, Füch-

*Bärlin kommt von Bär. S(igillum) secretum civitatis Berlin steht 1338 auf dem Bären-Siegel. Bären leben in den Wäldern. berl- könnte aber auch auf dem altpolabischen/slawischen Wort für Sumpf beruhen.*

*Um 1690 wirkt das Schloss fast wie eine Burg. Unter den Arkaden gibt es kleine Läden. Erst 1701 wird das repräsentative Schloss errichtet, das jetzt gerade wieder aufgebaut werden soll.*

se, Bären und Wildschweine sowie eine Furt über die Spree.

Dieser unwirtliche Ort abseits allen Weltgeschehens zog niemanden an. Womit auch? Hier war nichts los. Dass heute Festivals, Partys und Messen, große Ausstellungen stattfinden, dass Kultur und Berlin untrennbar scheinen, war der Stadt nicht in die Wiege gelegt.

## DIE AMERIKANISCHSTE ALLER EUROPÄISCHEN STÄDTE

Nicht die Glücklichen und Erfolgreichen kamen nach Berlin, nicht die Erstgeborenen, denn die blieben lieber zu Hause auf dem eigenen Hof, im eigenen Betrieb. Nach Berlin kamen jene, für die es zu Hause nichts zu erben gab, keinen Hof, keinen Handwerksbetrieb, keinen Besitz. Das hat Berlin gemein mit Amerika und Australien. Wem es zu Hause zu eng wurde, wer Hunger hatte, politisch, gesellschaftlich oder religiös gegängelt wurde, verließ die Heimat. Unter anderem deshalb ist es naheliegend, Berlin als die amerikanischste aller europäischen Städte zu bezeichnen. Die Ärmel hochkrempeln, etwas schaffen, etwas aufbauen. Freiheitsliebe – Tatkraft und Leidenschaft – Hier bekommt jeder seine Chance.

*Das Wappen der Hohenzollern – 500 Jahre hindurch regieren sie Berlin. Anfangs setzen die Bürger die Baustelle des Schlosses wütend unter Wasser. Zum Schluss sind sie stolz auf ihren Kaiser Wilhelm II.*

*Das Schloss von der Spree aus gesehen, um 1690. Während des Dreißigjährigen Krieges von 1618 bis 1648 (Berlin hatte 1648 nur 6000 Einwohner) ist es verfallen. Jetzt endlich geht es wieder aufwärts.*

## 1237-1871 | DER LANGE WEG ZUR HAUPTSTADT

An einer Furt durch die Spree am Handelsweg von West nach Ost siedelten sich irgendwann einige Menschen an, allmählich entstand eine Siedlung, ein Dorf, eine ganz kleine Stadt – nichts Besonderes. Ein Markt, eine Kirche, eine Schule. Claudia Melisch fand einen Eichenbalken, der im Jahr 1192 gefällt wurde. So alt ist Berlin also – oder so jung. Offizieller Geburtstag der Stadt ist der 28. Oktober 1237: An diesem Tag wurde erstmals der Name von Cölln in einer Urkunde erwähnt.

Zweihundert Jahre später beanspruchte Kurfürst Friedrich Eisenzahn den mittleren Teil der Spreeinsel für eine burgähnliche Residenz. Berlin hatte 8000 Einwohner, die sich als freie Menschen fühlten; sie mochten nicht unterworfen werden. Also wehrten sie sich acht Jahre lang, setzten die Baustelle unter Wasser und jagten die Steuereintreiber hinfort. Doch Eisenzahn war stärker, bekam seine Residenz. Berlin schied aus der Hanse aus, dem Bund der Freien Städte.

*Friedrich I., der barocke, verschwenderische König des Absolutismus mit den Insignien der Macht. Er ließ das riesige Schloss bauen, das jetzt wieder aufgebaut wird.*

*Königskrönung in Königsberg 1701. Die Hand aus dem Himmel setzt dem preußischen Adler die Krone auf – Friedrich I. versteht sich als König von Gottes Gnaden. Tatsächlich krönte er sich selbst als König in Preußen.*

Weitere zweihundert Jahre später fiel im Dreißigjährigen Krieg ein schwedisches Heer mit 12 000 Soldaten ein. Sie plünderten, brandschatzen und mordeten. Ruhr und Pest vernichteten das Leben. Im Jahr 1648, am Ende des Krieges, hatte Berlin noch 6000 Einwohner. Doch von nun an ging es aufwärts.

## WOHLSTAND DURCH HUGENOTTEN AUS FRANKREICH UND STEUERN AUF BIER

Der Große Kurfürst belegte nach dem Dreißigjährigen Krieg Tabak, Kaffee, Tee und vor allem Bier mit Steuern. Um Zoll kassieren zu können, ließ er eine Mauer um Berlin bauen. Er lud 17 000 hugenottische Glaubensflüchtlinge aus Frankreich ein, ließ die Linden pflanzen und hinterließ seinem Sohn Friedrich ein prosperierendes, aber stark zerstückeltes, nicht zusammenhängendes Land. Friedrich erkannte die Zeichen der Zeit, dass man nämlich mit einem Königreich mehr galt

*Sophie Charlotte von Hannover ist die zweite Frau Friedrichs (von dreien). Sie bringt Literatur, Musik, bildende Kunst und holt den Philosophen Gottfried Wilhelm Leibniz ins kleine Berlin.*

*Lange Kerls. Friedrich Wilhelm I. nimmt sie gern als Geschenk von befreundeten Höfen und von solchen, die gern mit ihm befreundet sein wollen. Zar Peter I. erhält das legendäre Bernsteinzimmer, Friedrich Wilhelm dafür 55 russische Riesen.*

als ein „einfacher“ Kurfürst. Also krönte er sich selbst, in Königsberg 1701. Die Untertanen freuten sich, denn der Glanz des neuen Königreichs strahlte auf sie ab. Berlin hatte 60 000 Einwohner und war bankrott, weil Friedrich I. das Geld für Repräsentation und den Bau des neuen Schlosses ausgab.

## DER PLUSMACHER MIT DER SCHWÄCHE FÜR „LANGE KERLS“

Sein Sohn, Friedrich Wilhelm I., der Soldatenkönig, war sparsam, cholerisch und hatte außer der Tabakrunde, bei der gequalmt und reichlich getrunken wurde, vor allem ein Hobby: die „Langen Kerls“, besonders groß gewachsene Soldaten. Er ließ sie sich gern von befreundeten Herrschern schenken. Dank ihrer Länge konnten sie die Vorderlader schneller stopfen, konnten außerdem im Gleichschritt marschieren und exerzierten täglich. Am Ende seiner Regierungszeit war das Staatssäckel des „Plusmachers“ gefüllt. Berlin hatte rund 100 000 Einwohner, jeder vierte davon war ein Soldat.

*Friedrich Wilhelm I. mit Freunden beim Tabakskollegium. Es geht um Politik – auch Militärs sowie Diplomaten anderer Länder waren eingeladen.*

## FRIEDRICH DER GROSSE – PHILOSOPH, KOMPONIST, KRIEGSHERR

Unter dem militärisch strengen Vater litt sein ältester Sohn. Denn Friedrich hatte im Gegensatz zum Soldatenkönig eine Ader für das Feinere im Leben. Heim-

*Friedrich Wilhelm I. saniert in 27 Regierungsjahren den durch seinen Vater überschuldeten Haushalt und überlässt seinem Sohn ein gefülltes Säckel.*

*Friedrich der Große beim Konzert an der Querflöte. Er komponiert und nimmt seine Musiker mit in die Schlachten. Flöten ist seine Therapie. Als König lässt er die Oper Unter den Linden bauen.*

lich lernte er Französisch, las im Verborgenen und musste, als er dabei ertappt worden war, ansehen, wie sein Vater die Bücher wegwerfen ließ. Friedrich wollte mit seinem Freund Katte fliehen, wurde aber gefasst. Auf Geheiß des Vaters wurde Katte vor Friedrichs Augen enthauptet.

Mit seinem Regierungsantritt 1740 hob er Folter und die Zensur auf, setzte sich für freie Presse ein und ließ als erstes die Oper bauen, später die Hedwigskathedrale für schlesische Katholiken sowie weitere Bauten Unter den Linden, die heute noch stehen. Er gab der Stadt internationalen Glanz. Friedrich scharte europäische Intellektuelle um sich, war zum Beispiel eng mit dem französischen Philosophen Voltaire befreundet.

## JEDER SOLL NACH SEINER FACON GLÜCKLICH WERDEN

Doch sein Vater hatte sich in ihm gründlich getäuscht: Friedrich führte mehr Kriege, blieb in 15 großen Schlachten zwölfmal siegreich und machte aus dem unbedeutenden Preußen eine anerkannte europäische Macht.

*Voltaire (links), der französische Philosoph und geistige Wegbereiter der Französischen Revolution, ist lange Jahre ein enger Freund von König Friedrich II. von Preußen – hier in Potsdam Sanssouci.*

*Napoleon erobert am 27. Oktober 1806 Berlin und raubt die Quadriga auf dem Brandenburger Tor. Berlin ist zwei Jahre besetzt und blutet aus. Königin Luise flieht nach Tilsit, Preußen geht fast unter.*

Friedrich wollte aufgeklärte, selbstständige, mitdenkende Untertanen, die nicht glauben mussten, was er glaubte. Erhalten sind neben den Bauten seine Kompositionen – in wunderbaren Aufnahmen.

Friedrich hatte keine Nachkommen, sein Neffe folgte ihm auf den Thron. Friedrich Wilhelm II. hatte umso mehr Kinder, mit seiner Gattin und Mätressen. Er „sprach" auf spiritistischen Sitzungen mit seinen Vorfahren, förderte die Kunst und ließ das Brandenburger Tor bauen (1791). Sein ältester Sohn, Friedrich Wilhelm III., war eher schüchtern und bürgerlich, heiratete aber die schönste Frau seiner Zeit, Luise, Prinzessin von Mecklenburg-Strelitz.

*Der Alexanderplatz, benannt 1805 zu Ehren von Zar Alexander I. bei dessen Besuch in Berlin. Königin Luise (rechts) schwärmt für Alexander und kämpft gegen Napoleon sowie die Besetzung Preußens.*

*Alexander von Humboldt erforscht Südamerika und wertet Jahrzehnte lang die Erkenntnisse aus. Sein Hauptwerk trägt den Titel „Kosmos". Bruder Wilhelm gründet die (heutige Humboldt-) Universität.*

## NAPOLEONS SOLDATEN EROBERN BERLIN

Wenig später schlug Napoleon das preußische Heer vernichtend, eroberte fast ganz Europa und besetzte 1806 auch Berlin. Der selbst ernannte Kaiser der Franzosen nahm die Stadt aus. Königin Luise stellte sich gegen ihn, bat Russlands Zar Alexander um Hilfe, mit dem sie sich gut verstand, und förderte während der Besatzungszeit die preußischen Reformer, die Armee, Bildungssystem und modernisierte den Staat insgesamt.

Als Napoleon mit vereinten europäischen Kräften bei der Völkerschlacht von Leipzig 1813 besiegt wurde, entwickelte sich mit der neuen Gewerbefreiheit Wirtschaft und Wissenschaft. 1810 hatte Wilhelm von Humboldt die Universität gegründet, sein Bruder Alexander erforschte Südamerika. Textil- und Metallmanufakturen entstanden, der Baumeister Karl Friedrich Schinkel prägte das Bild des klassizistischen Berlin: Gendarmenmarkt, Neue Wache, Altes Museum, Friedrichswerdersche Kirche und die Bauakademie, von der aus er mit nur 30 Mitarbeitern alle Baustel-

*Die Granitschale vor dem Alten Museum im Lustgarten, 1834 fertiggestellt. Bauinspektor Cantian hat den Stein in der Nähe Berlins entdeckt. Mit der neuen Dampfkraft wird das Kunstwerk geschliffen.*

*Die Bürger Europas und Berlins wollen mit an die Macht, verlangen Meinungsfreiheit und Demokratie. Im März 1848 kommt es zur Barrikadenschlacht unter Schwarz-Rot-Gold auf dem Alexanderplatz.*

*Friedrich Wilhelm IV. Der Monarch versteht die Bürger nicht. Er ist doch König von Gottes Gnaden … Überhaupt wäre er lieber Künstler geworden, Architekt, Stadtplaner.*

len in Preußen steuerte. Berlin hatte um 1830 über 248 000 Einwohner.

Neues Selbstbewusstsein durch wirtschaftliche Macht kollidierte nun mit zu engen, überkommenen Regeln auf allen Gebieten des Lebens; sie behinderten den Fortschritt. Die tatsächliche Bedeutung des aufstrebenden Bürgertums fand keine politische Entsprechung.

## MÄRZREVOLUTION FÜR MEINUNGSFREIHEIT UND DEMOKRATIE IN GANZ EUROPA

In ganz Europa, in Italien, Österreich, Spanien, dann Paris, kam es 1848/49 zu Auseinandersetzungen. Erst schien es, als gäbe der stets schwankende König in Berlin schnell nach. Friedrich Wilhelm IV. wäre viel lieber Architekt geworden. Er konnte den ganzen Tag hindurch Häuser und Parks zeichnen. Mit dem Aufstand

*Die Särge von 183 Gefallenen der Märzrevolution werden auf dem Gendarmenmarkt aufgebahrt. Unsere heutige Demokratie kam nicht von alleine, sie wurde erkämpft. Viele opfern dafür ihr Leben.*

war er überfordert. Mehrmals rannte er nachts zur Kutsche, um zu fliehen, kehrte aber wieder um. Bei einer Demonstration vor dem Schloss lösten sich Schüsse, zwei Menschen starben. Tausende bauten Barrikaden, forderten die Aufhebung der Pressezensur und eine Nationalversammlung, ein deutsches Parlament. Noch gab es Deutschland als Staat nicht. Hunderte starben während der Revolution, 183 Särge wurden auf dem Gendarmenmarkt aufgebahrt. Der König verneigte sich vor den Toten, ließ eine preußische Nationalversammlung erst zu und löste sie dann wieder auf. Die Aufstände wurden überall in Europa niedergeschlagen. Ihre Ideen und Ziele jedoch setzten sich später durch.

*Bürgerliches Leben Unter den Linden um 1842. Rechts die Oper und im Mittelpunkt die Königswache (Neue Wache) umgeben von den Standbilder der Generäle Bülow und Scharnhorst (rechts).*

*Borsigs Maschinenbau-Anstalt und Eisengießerei in der Chausseestraße. 187 Lokomotiven werden zwischen 1841 und 1847 gebaut, industrielle Werte geschaffen. Pferde ziehen rechts die Lokomotive.*

## INDUSTRIALISIERUNG UND REAKTION

Industrialisierung einerseits und restaurative Herrschaft andererseits führten zu immer stärkeren Spannungen. Der Handwerkerverein beispielsweise wurde aufgelöst, weil man in ihm eine Tarnorganisation der Demokraten vermutete. Das Wachstum Berlins jedoch hielt unverändert an, immer mehr Menschen zogen in die Stadt. In den 23 Jahren von der Märzrevolution 1848 bis zur Gründung des deutschen Kaiserreichs 1871 verdoppelte sich die Bevölkerung auf 826 000 Einwohner.

Mit der Planung einer entsprechenden Infrastruktur wurde James Hobrecht beauftragt, der an Schinkels Bauakademie studiert hatte. Berlin bekam nun ein modernes Abwassersystem. Ein Straßennetz entstand und Mietskasernen mit Vorderhaus, Sei-

*Der erste preußische Dampfer von 1817 hat 14 Pferdestärken. Das Schiff liegt hier auf der Spree bei den Zelten (Haus der Kulturen der Welt). Hinten Schloss Bellevue, heute Sitz des Bundespräsidenten.*

*Kaiser Wilhelm I. reist 1870 ab in den deutsch-französischen Krieg. Er sitzt links in der Kutsche, man sieht ihn kaum, weil der Maler Adolph Menzel lieber die am Spektakel interessierten Berliner zeigt.*

tenflügel und Hinterhaus, immer so, dass die neu geschaffene Berufsfeuerwehr in den Hof fahren konnte. Die sozial durchmischten Mietskasernen mit teueren Wohnungen vorn und billigen hinten sollten verhindern, dass Slums wie in London entstünden.

Mit der Schulbildung und der Universität sah es weniger gut aus. Aber nach Entwürfen des Architekten Friedrich Hitzig wurden Markthallen gebaut, Eisenbahnkönig Bethel Henry Strousberg sammelte Geld ein und schuf ein Bahnimperium. Wie immer in Berlin liefen Partys gut. Theater boomten, in denen es auch Gastronomie gab. In Julia Gräberts Theater am Weinbergsweg in Mitte wurden täglich zum Weißbier 2000 Schinkenstullen verkauft.

*Unter den Linden um 1850. Herren umlagern das Schaufenster der Buchhandlung E.H. Schröder (vis-á-vis der heutigen Berlin Story). Vor dem Café Kranzler (links) sitzen in Frack und Zylinder Gäste.*

*Die Proklamation des Deutschen Kaiserreichs 1871 in Versailles. Diesmal hat Deutschland gesiegt. Wilhelm I. ist durchaus nicht glücklich mit seiner neuen Rolle, doch Bismarck (in weiß) besteht darauf.*

## 1871-1918 | KAISERLICHES BERLIN – HAUPTSTADT DES DEUTSCHEN REICHS

1806 hatte Napoleon Berlin besetzt und Kontributionen gefordert, die kaum aufzubringen waren. 64 Jahre später ließ sich Frankreich zum Krieg provozieren. Nach der bereits verlorenen Schlacht bei Sedan schloss Frankreich aber keinen ehrenhaften Frieden, sondern kämpfte weiter. Die Kontributionen nach der vernichtenden Niederlage waren exorbitant – und ließen die deutsche Wirtschaft kurzfristig aufblühen. Doch die gegenseitige Demütigung hatte Folgen: Nach dem Ersten Weltkrieg revanchierten sich die Franzosen und ließen Deutschland im Versailler Vertrag bluten. Er führte mit zum Aufstieg

*Die siegreichen Truppen kehren 1871 durch das festlich geschmückte Tor heim. Frankreich beginnt den Krieg, nimmt ein günstiges Friedensangebot nach der Schlacht von Sedan nicht an und bezahlt teuer.*

*Unter den Linden um 1880. Die Reparationszahlungen Frankreichs begünstigen Deutschlands Aufstieg. Technik, Wissenschaft und Forschung blühen in langer Friedenszeit auf. Berlin fühlt sich wohl.*

des Nationalsozialismus. Heute hat die Freundschaft zwischen Frankreich und Deutschland einen sehr hohen Stellenwert innerhalb der Europäischen Union, damit solche Zeiten nicht wiederkommen.

Bismarck war der Gründer des Deutschen Reichs, nicht Wilhelm I., der lieber preußischer König geblieben wäre statt Kaiser zu werden. Er ahnte und fand sich bestätigt, dass Preußen in Deutschland aufgehen würde, dass es seine Vormachtstellung allmählich einbüßen würde. Berlin dagegen profitierte von der neuen Rolle als Reichshauptstadt. Berlin wurde zur größten Stadt zwischen Paris und Moskau, zur mächtigen Wirtschaftsmetropole, die Menschen in großer Anzahl anzog, darunter besonders viele Wissenschaftler und Techniker sowie Künstler. Es begann in Berlin und in ganz Deutschland eine lange Zeit des Wohlstands und des Friedens.

*Otto Lilienthal bei einem Gleitflug in Berlin-Lichterfelde 1895. Mit 33 Jahren gründet er eine Maschinenfabrik, beobachtet über Jahre Vögel beim Schwebeflug und konstruiert danach seine „Flügel“ .*

*Reichskanzler Bismarck lädt 1878 die europäischen Mächte zum Berliner Kongress ein, um den Balkan und das Mittelmeer aufzuteilen. Einen Monat lang verhandeln Diplomaten aus zehn Staaten in Berlin.*

## OTTO VON BISMARCK

Die Sozialdemokraten hassten Bismarck und er sie. Sie wollten nicht so wie er. Sozialdemokraten waren im ausgehenden 19. Jahrhundert richtig links; die Klassengegensätze verschärften sich. Im Mittelpunkt des Kaiserreichs stand fast zwei Jahrzehnte lang Bismarck: Er schuf das Reich, machte Berlin zur politischen Metropole, an ihm lief nichts vorbei, bis er 1890 von Wilhelm II., dem neuen Kaiser, abgesetzt wurde. Der junge Monarch war der Enkel von Wilhelm I. Dazwischen regierte im Drei-Kaiser-Jahr 1888 für ganze 99 Tage Friedrich I., der an Kehlkopfkrebs starb.

Bismarck wurde ruhig, als er im Alter von 32 Jahren heiratete. Vorher

*Das erste elektrische Licht erstrahlt 1882 auf dem Potsdamer Platz – Siemens hat die Technik entwickelt. Nach Mitternacht gibt es wieder das preisgünstigere Gaslicht. 1881 kamen die ersten Telefone nach Berlin.*

*Eröffnung des Reichstages 1888 im Berliner Schloss. Kaiser Wilhelm II. kommt an die Macht – und entlässt 1890 Bismarck (in weiß). Wilhelm II. (29) will keinen alten Reichspräsidenten (73) vor der Nase.*

fiel er eher bei Trinkgelagen auf, stieß sich die Hörner in Liebesaffären ab, verzockte Geld, langweilte sich als Jura-Referendar, brach seine Ausbildung ab und reiste durch Europa. Mit allem Menschlichen war er auf seinem Weg zum Politiker vertraut. 1849 wurde er in den preußischen Landtag gewählt, fiel durch seine Rednergabe auf und wurde in einer Krisensituation von Wilhelm I. zum Ministerpräsidenten ernannt. Otto von Bismarcks unverbrüchliche Treue hielt bis zum Tod des greisen Kaisers 1888.

*Kinder an der Straßenpumpe, 1898. Berlin ist die sauberste Stadt der Welt, weil der Charité-Arzt Rudolf Virchow und Baurat James Hobrecht in den 1870er Jahren die Stadtentwässerung durchsetzen.*

*Fesche Straßenfeger legen am Lustgarten eine Pause ein. Berlin wächst rasant von 493 000 Einwohnern im Jahr 1860 auf 2 Millionen im Jahr 1908, um das Vierfache in 50 Jahren.*

Bismarcks Hauptfeinde im Inneren waren die Sozialdemokraten. Um die SPD klein zu halten, führte der Kanzler die Kranken- und die Sozialversicherung ein; er schuf so die Grundlage des Sozialstaats, wollte die Arbeiter an den Staat binden.

## KAISER WILHELM II. TRENNT SICH VON OTTO VON BISMARCK

Kaiser Wilhelm II., der Enkel von Wilhelm I., kämpfte sein Leben lang gegen seinen lahmen Arm an, einen Geburtsfehler. Seine englische Mutter Vicky, Tochter von Queen Victoria, wollte aus ihm das Ebenbild ihres Vater machen. Wilhelm war aber kein geschliffener Intellektueller, eher praktisch veranlangt, der Technik aufgeschlossen, fuhr gern Mercedes. Er wurde Deutschlands erster Medienstar. Seither bezeichnet das Wort

*Berlin fährt Daimler, hergestellt in Berlin-Marienfelde. Die ersten Automobil-Omnibusse ziehen 1905 Volksmassen an, verkehren auf der Friedrichstraße, haben Heizung. Pferdeomnibusse gibt es seit 1846.*

*1914. Kaiser Wilhelm II. (hier drüber) zieht mit seinen sechs Söhnen und den Generälen (kommen weiter hinten) an jedem Neujahrstag vom Schloss zur Neuen Wache. Er ist der absolute Medienstar seiner Zeit.*

„Kaiserwetter" herrlichen Sonnenschein, denn nur dann konnte mit den ersten Kameras gefilmt werden – und nur dann trat der Kaiser auf.

Welche Rolle Wilhelm II. beim Ausbruch des Ersten Weltkriegs spielte, ist unter Historikern umstritten. In vielen europäischen Staaten dominierte 1914 eine militaristische Grundstimmung. Das Militär nährte die Zuversicht, siegessicher in den Krieg ziehen zu können. Niemand konnte sich vorstellen, dass es zu so vielen Toten in den Abnutzungsschlachten kommen würde. Im Laufe des Ersten Weltkriegs verlor Wilhelm II. an politischer Bedeutung, und unmittelbar vor dem Waffenstillstand dankten er und sein ältester Sohn und Thronerbe ab. Der ehemalige Kaiser verbrachte den Rest seines Lebens relativ zurückgezogen im Exil in Holland. 500 Jahre Herrschaft der Dynastie der Hohenzollern fanden damit ein Ende.

*„Hier Amt – was beliebt?" Die Fernsprechvermittlung III in der Oranienburger Straße 70 um 1890. 28 Vielfachumsteck-Tafeln für 4411 (von 10 000) Teilnehmer. Dass auch Frauen hier arbeiten, ist neu.*

*Während des Spartakusaufstand 1919 beziehen MG-Schützen Position auf dem Brandenburger Tor. Die Niederlage Deutschlands geht über in den Aufstand der KPD, die eine Räterepublik will.*

# 1918-1933 | SCHLACHTFELD UND SÜNDENPFUHL – HAUPTSTADT DER WEIMARER REPUBLIK

Nach Goldenen Zwanzigern sah es am Anfang nicht aus. Und auch nicht nach Demokratie. Wie sollten Menschen, die 500 Jahre in autoritären Strukturen gelebt hatten, auf einmal zu Demokraten werden? Die Deutschen, jedenfalls die meisten, waren voller Zuversicht in den Weltkrieg gezogen. Doch nach Hause kamen vor allem Todesnachrichten, manchmal auch Särge. Wegen der britischen Seeblockade hungerten Millionen Deutsche, auch in Berlin. 1917 streikten 300 000 Arbeiter in Berlin, Anfang 1918 traten eine halbe Million deutsche Rüstungsarbeiter in den Ausstand. Ihr Blick ging nach Russland. Dort hatte die Revolution 1917 gesiegt und versprach eine gerechtere, glücklichere Zukunft.

*Kinder spielen 1919 in einem Schützengraben in der Samariterstraße im Friedrichshain. Kaiser Wilhelm II. war in Holland im Exil. Vor allem in Berlin, aber auch in Bremen und München wird hart gekämpft.*

*Frische Milch für Berlin. An jedem Morgen fahren die Milchwagen der Firma Bolle durch die Stadt. Die Versorgung der Bevölkerung ist gesichert. „Bolle-Jungen" erfreuen sich eines hohen Ansehens.*

Der Krieg mündete in der Revolution. Als die Niederlage offensichtlich wurde, wollten sich die deutschen Matrosen nicht in eine letzte Schlacht gegen England treiben lassen. Innerhalb weniger Tage schwappte die Revolution nach Berlin. Der SPD-Politiker Philipp Scheidemann sowie der Spartakist Karl Liebknecht riefen am gleichen Tag die Republik aus, einmal die demokratische und einmal die sozialistische. Im Januar 1919 wurden die Sozialisten Liebknecht und Rosa Luxemburg von Freikorpssoldaten ermordet, die den Aufstand unterdrückt hatten.

Die Reparationsforderung der Sieger belief sich zunächst auf 269 Milliarden Goldmark, zahlbar in Raten bis 1962. Kapitalflucht setzte ein, die Währung verfiel, französische Truppen besetzten das Ruhrgebiet, weil nicht pünktlich ge-

*Von 1920 stammt diese Luftaufnahme von Berlin. In der Bildmitte unten das Zeughaus (heute Deutsches Historisches Museum), darüber der Lustgarten, rechts das Stadtschloss und links die Museumsinsel.*

*1926. Tempo Berlin. Die Gesellschaft polarisiert sich. Arm und reich, Menschen die mitkommen und solche, die abgehängt werden. Die Demokratie ist neu und funktioniert noch nicht richtig.*

zahlt wurde. Hyperinflation vernichtete Existenzen. Im Herbst 1923 kostete ein Brot in Berlin Milliarden. Existenzangst, Kriminalität und Verfall der sozialen Verhältnisse waren die Folgen. Die Rentenmark, eine neue, gedeckte Währung, beendete die Inflation schlagartig am 15. November 1923. Die Geschäfte füllten sich, der Aufschwung trug bis zum Schwarzen Freitag, dem Zusammenbruch der Börse in New York am 24. Oktober 1929. Genau diese sechs Jahre werden als Roaring Twenties bezeichnet, die Goldenen Zwanziger.

Erst im Jahr 1920 entstand das Berlin, wie man es heute kennt. Sieben Städte (Charlottenburg, Schöneberg, Wilmersdorf, Neukölln, Spandau, Köpenick und Lichtenberg) und zahlreiche weitere Kommunen wur-

*Nie zuvor in der Kaiserzeit wurde so viel demonstriert wie im Berlin der zwanziger Jahre. Die wirtschaftliche Lage entwickelt sich nur vorübergehend gut; sie bleibt abhängig von der Weltwirtschaft.*

*Dieb aus Not. Obwohl mancher Äpfel auch ohne Not klaut. Man weiß es nicht so genau. Die Zeiten des großen Hungers brechen erst später an, als die Weltwirtschaft zusammenbricht.*

den eingemeindet, das Stadtgebiet verdreizehnfachte sich, Groß-Berlin zählte nun 3,8 Millionen Einwohner und war erste Industriestadt des Kontinents. Die Unterzentren in den Bezirken und die Subkulturen, die unterschiedlichen Kieze blieben – oft bis heute. Die deutsche Hauptstadt war mit ihren 20 Bezirken dezentral aufgebaut, anders als Rom, Paris, Barcelona, Prag oder London. Die Stadt war weltweit Vorbild für den öffentlichen Personennahverkehr; 1928 wurde die BVG gegründet, die zahllose

*Der St. Bernhardiner-Club Berlin 1928 auf einer Werbetour. Ziel des Clubs ist die „Erhaltung und Festigung dieser Rasse in ihrer Rassereinheit, Wesen, Konstitution und formvollendetem Erscheinungsbild".*

*Josephine Baker. 1926 tritt sie erstmals in Berlin auf und macht die Männer verrückt. Etliche Frauen auch. In Wien, Prag, Budapest und München hat sie Auftrittsverbot.*

Bus-, Straßenbahn-, Hochbahn- und U-Bahnlinien zusammenfasst. Treibende Kraft war der sozialdemokratische Verkehrsstadtrat Ernst Reuter.

*Der Kurfürstendamm mit seinen Seitenstraßen ist das Zentrum der Bohème der wilden Zwanziger Jahre. Das Café Größenwahn wird zur Heimat von Künstlern, Literaten und jungen Damen.*

## KOKSEN, FEIERN, PARTY MACHEN: DIE GOLDENEN ZWANZIGER

Die Revolution in Russland war nicht nur Hoffnung der Arbeiter, sondern vertrieb zugleich die aristokratische, bürgerliche, intellektuelle sowie künstlerische Elite Russlands. 100 000 Russen lebten in den Zwanzigern in Berlin, eigentlich noch mehr, weil Berlin auch Durchgangsstation war. Es kamen Franzosen, Ungarn, Tschechen, Engländer, Amerikaner und osteuropäische Juden. Die Filmproduktion boomte mit „Metropolis“ und „Nosferatu“, Kinos und Tanzpaläste blühten auf. Exotik und Erotik und alles Kuriose, Ekstatische und Skandalöse bestimmte das Bild der Stadt. Die Comedian Harmonists feierten Triumphe im Plaza, Otto Reutter und Claire Waldoff im Wintergarten. Josephine Baker trat nicht nur mit Saxophon auf, sondern auch ohne. Ohne (fast) alles. Es war ein biss-

*Das Titelblatt des Revue-Programms „An Alle ...! Die große Schau im großen Schauspielhaus" von 1924. Feiern ist angesagt. Auch in den eher bürgerlichen Schauspielhäusern laufen Programme gut, die etwas anzüglich sind.*

*In der Komischen Oper feiert die Revue „Zieh Dich aus!" Erfolge. Nacktes Fleisch jeglichen Geschlechts und amerikanische Swing-Musik machen das Leben angenehm für die, die mithalten können.*

chen so, als wären die strengen Eltern aus dem Haus und die Jugend hätte sturmfreie Bude.

In hundert Theatern feierte sich Berlin. Alles Moderne, Innovative zog in die Stadt, auch in der Musik. Wien blieb konservativ, aber in Berlin hatten in der Philharmonie die Klavierkonzerte von Igor Stravinsky Premiere, Alban Bergs „Wozzeck" wurde aufgeführt und die Dreigroschenoper von Bert Brecht mit der Musik von Kurt Weill. 41 zeitgenös-

*Im Februar 1928 besucht der König von Afghanistan, Aman Ullah, Berlin. Hier fährt Königin Turaja mit Reichsjustizminister Oskar Hergt durch den Tiergarten, im Hintergrund der Reichstag.*

*Die Weltwirtschaftskrise im Jahr 1929 beendet die Goldenen Zwanziger. Unternehmenszusammenbrüche, Geldentwertung und Massenarbeitslosigkeit begünstigen den Aufstieg der Nationalsozialisten.*

sische Opern hatten allein zwischen 1927 und 1931 Premiere – Albert Einstein war begeistert.

Berlin hatte 1925 vier Millionen Einwohner. Nicht alle fanden feiern toll. Adolf Hitler hatte bereits 1926 Joseph Goebbels zum NSDAP-Gauleiter von Berlin ernannt. Allen war klar, dass sich das politische Schicksal Deutschlands in Berlin entschied. Berlin war neben dem Ruhrgebiet die Hochburg der Kommunisten. Goebbels und seine SA-Männer provozierten Saalschlachten in den kommunistischen Arbeitervierteln Wedding, Moabit, Neukölln und Friedrichshain. In Wählerstimmen drückte sich das zunächst nicht aus. Bei den Reichstagswahlen 1928 konnte die NSDAP 2,6 Prozent der Stimmen gewinnen, bei den Kommunalwahlen am 17. November 1929 waren es auch nur 5,8 Prozent. Der Aufschwung der Nationalsozialisten begann nach der Weltwirtschaftskrise. Die SPD geriet zwischen KPD und Nazis und verlor

*Noch vor der Machtübernahme der Nationalsozialisten kommen im Oktober 1932 rund 80 000 Jugendliche in Potsdam zusammen und marschieren in langen Kolonnen sieben Stunden lang an Hitler vorbei.*

*Am 1. Mai 1932 demonstrieren Anhänger der SPD im Lustgarten gegen die NSDAP. Das Hakenkreuz auf der Fahne ist mit dem Symbol der Anti-NS-Bewegung „Eiserne Front“ durchgestrichen.*

an Bedeutung. Die aus Moskau gelenkten Kommunisten bekämpften die SPD und beschimpften sie noch vier Tage vor Hitlers Machtübernahme in der Parteizeitung „Rote Fahne“ als „Sozialfaschisten“. Ein Bündnis gegen die NSDAP lehnte die KPD schroff ab.

Die Presse spielte beim allmählichen Machtzuwachs der Nationalsozialisten eine wichtige Rollen. Fernsehen gab es noch nicht, das Radio entfaltete noch keine Massenwirkung. Die Berliner Pressezaren der Kaiserzeit, Rudolf Mosse und Leopold Ullstein, hatten ihre Imperien den Nachfahren anvertraut. Sie waren demokratisch gesinnt, im Gegensatz zum reaktionären Verleger Alfred Hugenberg.

*Bei den Reichstagswahlen am 31. Juli 1932 wird die NSDAP stärkste Partei mit 37,3 Prozent. Die Sozialdemokraten erhalten 21,6 und die Kommunisten 14,3 Prozent. Die KPD bekämpft vorrangig die SPD.*

*Reichskanzler Adolf Hitler zelebriert mit Reichspräsident Paul von Hindenburg die scheinbare Kontinuität von alter (kaiserlicher) und neuer (nationalsozialistischer) Macht.*

## 1933-1945 | DIE HAUPTSTADT DES DRITTEN REICHS

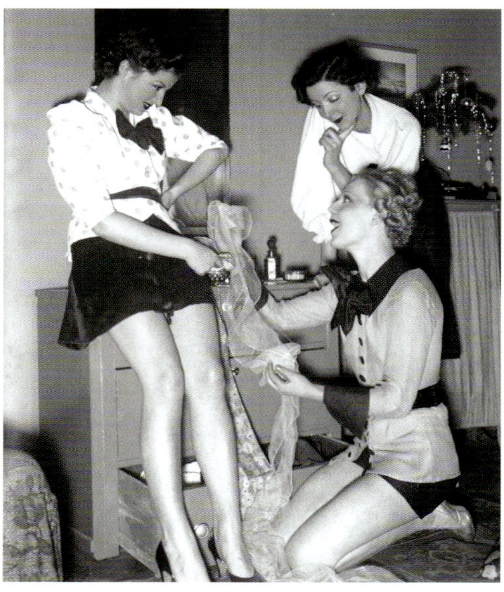

*Beginn der Ballsaison 1934; Junge Frauen bereiten sich auf einen vergnüglichen Abend vor. Das Leben kommt unter Hitler keineswegs zum Stillstand, sondern geht für viele Berliner scheinbar normal weiter.*

Wie konnte es geschehen? Lehrer stellen gern diese Frage. Es geschah alles ganz einfach. Die Nationalsozialisten kamen nicht durch einen Putsch an die Macht. Den Zeitgenossen waren die Gefahren bewusst. Zeitungen, also die Öffentlichkeit, spekulierten über andere Lösungen der Regierungskrise Anfang 1933. Die „Frankfurter Zeitung" kommentierte in der Neujahrsausgabe: „Der gewaltige nationalsozialistische Angriff auf den demokratischen Staat ist abgeschlagen." Hitlers Wille zur Macht wurde unterschätzt. Er traf sich am 4. Januar 1933 mit dem ehemaligen Reichskanzler Papen, der einige Monate lang mit Notverordnungen des Reichspräsidenten Paul von Hindenburg

*Fackelzug der Nazis anlässlich der Ernennung Hitlers zum Reichskanzler am 30. Januar 1933. Dieses Foto wird im Juni 1933 nachgestellt, da die Originalaufnahme weniger eindrucksvoll ist.*

regiert hatte, aber letztlich gescheitert war. Hindenburg war alt und lethargisch. Der Bankier, in dessen Haus sich Hitler und Papen trafen, sagte 1947: „Die allgemeinen Bestrebungen der Männer der Wirtschaft gingen dahin, einen starken Führer in Deutschland an die Macht kommen zu sehen, der eine Regierung bilden würde, die lange Zeit an der Macht bleiben würde ... Ein gemeinsames Interesse der Wirtschaft bestand in der Angst vor dem Bolschewismus und der Hoffnung, dass die Nationalsozialisten – einmal an der Macht – eine beständige politische und wirtschaftliche Grundlage herstellen würden.“ Papen brachte den alten Reichspräsidenten dazu, den NSDAP-Chef zum Reichskanzler zu ernennen. Er sah Hitler als Marionette: „In zwei Monaten haben wir Hitler in die Ecke gedrückt, dass er quietscht!“ Doch nur anfangs spielte Hitler den Demütigen.

*Freikörperkultur. Zunächst verboten, findet das Dritte Reich allmählich Gefallen daran. Der „Bund für Leibeszucht“ huldigt der „rassischen, gesundheitlichen und sittlichen Hebung der Volkskraft“.*

*Reichstagsbrand in der Nacht zum 28. Februar 1933. Am folgenden Abend wird die „Verordnung des Reichspräsidenten zum Schutz von Volk und Staat“ (Reichstagsbrandverordnung) erlassen. Sie ermöglicht die Verfolgung aller Gegner der Nationalsozialisten. Die Grundrechte werden aufgehoben, Hitler bekommt diktatorische Vollmachten. Bis heute ist umstritten, wer den Brand gelegt hat. Der niederländische Kommunist Marinus van der Lubbe wird im brennenden Reichstag festgenommen und zum Tode verurteilt.*

Einmal an die Macht gelangt, nutzten die Nationalsozialisten jede Möglichkeit, ihre Position auszubauen, so dass Hitler eine quasi diktatorische Stellung einnehmen konnte. Und sie zeigten gleich zu Beginn, wohin der Weg führen sollte.

Am Abend des 27. Februar 1933 brannte der Reichstag. Vieles spricht dafür, dass es sich beim Brandstifter um einen verwirrten holländischen Einzeltäter handelte. Historiker haben viele Bücher darüber geschrieben. Für die Nationalsozialisten kam der Brand wie gerufen. Sie schafften es, die „Verordnung zum Schutz von Volk und Staat“, besser bekannt als Reichstagsbrandverordnung, vom Reichspräsidenten unterzeichnen zu lassen.

*Die Boykottaktionen der Nationalsozialisten gegen jüdische Geschäfte am 1. April 1933. Die Propaganda gegen die Juden zielt vor allem auf das Ausland, weshalb Plakate in Englisch verwendet werden.*

*10. Mai 1933. Auf dem Opernplatz (heute Bebelplatz mit dem eingelassenen Mahnmal) verbrennt der Nationalsozialistische Deutsche Studentenbund Bücher, die als „gegen den deutschen Geist" gelten.*

Papen setzte sich dafür ein und zerstörte damit seine eigene Machtposition. Denn diese Verordnung „zur Abwehr kommunistischer staatsgefährdender Gewaltakte" gab Hitler fast unbegrenzte Befugnisse. In der nächsten Zeit wurden die rechtlichen Grundlagen des Staates auf ihn zugeschnitten, das Recht gebeugt. Seit dem „Ermächtigungsgesetz" vom 23. März 1933 durfte die Regierung ohne Zustimmung des Parlaments oder des Reichspräsidenten Gesetze erlassen. Das alles geschah innerhalb weniger Wochen. Bis Juni 1933 wurden alle Parteien außer der NSDAP verboten, Führerbefehle bekamen Gesetzeskraft. So schufen sich die Nazis eine scheinbar legale Grundlage ihrer Macht.

Den Reichtagsbrand nahmen sie zum Anlass, ihre Gegner aus dem Weg zu räumen, vor allem zunächst

*Hitler-Rede im Lustgarten am 1. Mai 1935. Im Originaltext heißt es: „Hochoben auf den Eisengittern der Fenster des Berliner Schlosses sitzt die Hitlerjugend, um einen Blick auf den Führer zu erhaschen."*

*18. Februar 1943, „Wollt ihr den totalen Krieg". Reichspropagandaminister Joseph Goebbels will nach der Niederlage von Stalingrad die Entschlossenheit zum unerschütterlichen Sieg wieder aufrichten.*

die Kommunisten und linke Intellektuelle, die Widerstand entgegensetzen. Nach Listen, noch vor Januar 1933 ausgearbeiteten, wurden die Menschen in Konzentrationslager (nicht Vernichtungslager) gebracht.

Die Verfolgung der Juden setzte sofort ein. Die SA griff jüdische Geschäftsinhaber an, plünderte Läden, zerstörte Praxen jüdischer Ärzte und Rechtsanwälte. Osteuropäische Juden im Scheunenviertel wurden schikaniert und gequält. „Jüdische" Kaufhäuser und Hotels wurden angegriffen, die Gäste und Kunden unter Druck gesetzt. Am 1. April 1933 standen Nazis vor allen Geschäften jüdischer Inhaber in ganz Deutschland und riefen zum Boykott auf. KaDeWe, Hertie, Woolworth gehörten dazu.

Am 10. Mai 1933 gipfelte eine Aktion der Deutschen Studentenschaft in ganz Deutschland mit der Bücherverbrennung auf dem Opernplatz. „Der jüdische Geist, wie er sich in der Welthetze in seiner gan-

*Claus Schenk Graf von Stauffenberg weiß, dass viele Deutsche sein Attentat ablehnen würden. Dennoch will er nicht „Verräter vor seinem eigenen Gewissen" werden.*

*Otto Weidt ist überzeugter Nazi-Gegner. Er führt eine Besen- und Bürstenbinderei. Seine Angestellten sind überwiegend blinde Juden. Er schützt sie auch durch Bestechung und Passfälschungen.*

zen Hemmungslosigkeit offenbart, und wie er bereits im deutschen Schrifttum seinen Niederschlag gefunden hat, muss aus diesem ausgemerzt werden", lautete die „Begründung".

Unter Hitler sank die Zahl der Arbeitslosen von sechs Millionen 1932 auf 1,6 Millionen 1936 – Ursache war aber kein Wirtschaftswunder, sondern vor allem die durch Schulden finanzierte Aufrüstung. Die Landwirtschaft dagegen war rückläufig. Zu den Olympischen Spielen 1936 verschwanden die Hetzparolen gegen Juden, Deutschland sollte weltoffen und freundlich dargestellt werden.

## VERNICHTUNG DER JUDEN EUROPAS

Die „Endlösung der Judenfrage" war ein Hauptziel der NS-Politik. Wie die Deportation aller Juden Europas zur Vernichtung im Osten praktisch umgesetzt werden konnte, wurde auf der Wannseekonferenz in einer Villa am 20. Ja-

*Mehrere Tausend Konzentrationslager und sechs Vernichtungslager dienten der Ermordung von Millionen von Menschen. Sechs Millionen Juden werden 1933 bis 1945 von Nationalsozialisten ermordet.*

*Trümmerwüste. Der Krieg, der von Berlin ausging, kommt nach Berlin zurück. 68 000 Tonnen Bombenlast fallen auf Berlin. Aus bis zu tausend Flugzeugen besteht eine Angriffswelle.*

nuar 1942 besprochen. Sechs Millionen Juden wurden systematisch, ja industriell umgebracht – ein einzigartiges Verbrechen in der Weltgeschichte. Aber auch drei Millionen sowjetische Kriegsgefangene, drei Millionen katholische Polen und zwei Millionen osteuropäische Zwangsarbeiter wurden ermordet. Darüber hinaus starben Sozialdemokraten, Oppositionelle, auch Homosexuelle, Sinti und Roma.

In Berlin lebten im Jahr 1933 etwa 173 000 Juden. Zwei Dritteln gelang die Emigration, meist mit nichts als dem nackten Leben. 55 000 Berliner Juden wurden jedoch ermordet, und nur 9000 überlebten im Untergrund oder durch die Ehe mit nichtjüdischem Partner. Seit September 1941 mußte der Judenstern getragen werden; im folgenden Jahr wurden Juden

*Tarnnetze gegen Bombenangriffe über der Charlottenburger Chaussee (heute Straße des 17. Juni) am Brandenburger Tor 1941. Damit soll die Luftaufklärung der Alliierten in die Irre geführt werden.*

*Hitler schickt auch Kinder in den Krieg. Als letztes Aufgebot werden sie an der Waffe ausgebildet und an die Front geschickt. In der sinnlosen Abwehrschlacht um Berlin fallen sie zu Tausenden.*

Fleisch, Milch und Weizen gestrichen, sie mussten Kleidung aus Wolle und Pelze abgeben. Viele „arische“ Berliner rissen sich jüdisches Eigentum unter den Nagel, übernahmen Praxen, Läden, Kaufhäuser und Hotels. Nach 1945 war es schwer, dieses Unrecht nachzuweisen. Wenige machten sich verdient. Unter ihnen war Otto Weidt, der eine Blindenwerkstatt betrieb; die Wehrmacht hielt sie für kriegsnotwendig. Dadurch konnte Weidt blinde Juden retten. Widerstand gab es bei Kommunisten, Sozialdemokraten, Juden, in der Kirche, in Gewerkschaften, in besetzten Ländern und auch immer wieder von anständigen Menschen im Alltag. Der militärische Widerstand agierte zum großen Teil in Berlin. Die Attentäter vom 20. Juli 1944 um Claus Graf von Stauffenberg trafen sich regelmäßig in Berlin.

*Ausgebombt. Die Alexandrinenstraße in Kreuzberg und die Oranienstraße nach dem 3. Februar 1945, als 1000 amerikanische B-17 Bomber in zwei Wellen mit Sprengbomben und Brandbomben angreifen.*

*Zerstörter Reichstag am 2. Mai 1945. Jewgeni Chaldej, der russische Fotograf, montiert den Panzer und die Flugzeuge ins Bild hinein. Hitler beging am 30. April 1945 Selbstmord im Führerbunker.*

## DER KRIEG KEHRT NACH BERLIN ZURÜCK

Erste Luftangriffe gegen die Reichshauptstadt fanden 1940 statt. Die britische Royal Air Force (RAF) hatte jedoch zunächst nur wenige Flugzeuge. Das änderte sich mit der Luftschlacht um Berlin mit 19 Großangriffen zwischen November 1943 und März 1944. Mehr als 800 000 Berliner verloren ihr Dach über dem Kopf, 7400 starben. Seit Anfang 1945 wurde Berlin fast täglich bombardiert. Ältere Berliner erinnern sich daran: Voralarm. Beten. In den Luftschutzkeller. Sprengbomben, Luftminen. Brandbomben. Entwarnung und das Hoffen, nicht selbst ausgebombt worden zu sein.

Im April 1945 wurde Berlins Umland zum Schlachtfeld. Eine Million Soldaten, darunter viele Kinder von 14 bis 16 Jahren und alte Männer, sollten 80 Kilometer östlich von Berlin im Oderbruch 2,5 Millionen sowjetische Soldaten mit 6000 Panzern und 7500 Flugzeugen aufhalten. Nach zwei Wochen war es vorbei, kapitulierte die völlig zerschossene

*„Männer im Alter von 16–70 Jahren gehören in den Einsatz, nicht in den Bunker“ steht auf dem Schild. Propaganda mit Panzerfäusten für das letzte Aufgebot. 175 000 Männer des Volkssturms werden getötet.*

*Am Ende des Krieges: Im Tiergarten stehen keine Bäume mehr. Sie wurden gefällt, um mit dem Holz zu heizen. Auf den gerodeten Flächen wird Kohl angebaut. Die Versorgungslage ist dramatisch.*

Reichshauptstadt am 2. Mai 1945. Diese letzten Kämpfe forderten wohl 250 000 Tote, davon mindestens 80 000 sowjetische und 100 000 deutsche Soldaten; die übrigen waren Zivilisten.

Im Führerbunker hinter der Wilhelmstraße, heute durch eine Informationstafel gekennzeichnet, hofften Adolf Hitler, seine Lebensgefährtin Eva Braun und Reichspropagandaminister Goebbels („Wollt Ihr den totalen Krieg?") auf ein Wunder. Magda Goebbels vergiftete ihre sechs Kinder. Hitler beschwerte sich über SS-Männer und Sekretärinnen, die stark alkoholisiert den Untergang ihrer Welt feierten. Hitler erschoss sich und wurde von seinen Leuten vor dem Bunkerausgang verbrannt. Sechs Tage nach Berlin kapitulierte die Wehrmacht insgesamt – in Karlshorst.

*Sowjetische Soldaten, selbst fast Kinder, stürmen mit Maschinenpistolen den U-Bahnhof Frankfurter Allee in Friedrichshain (damals Bezirk Horst Wessel) entlang der Ausfallstraße nach Frankfurt/Oder.*

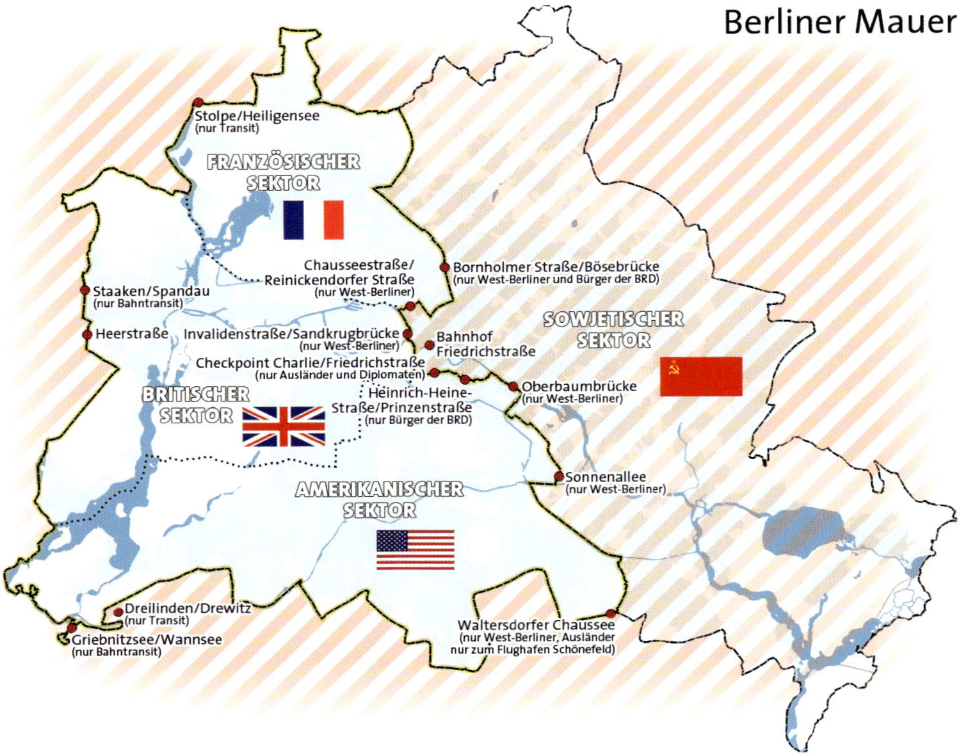


*Berlin wird 1945 in vier Sektoren geteilt, für die USA, Großbritannien, Frankreich und die Sowjetunion. Die Mauer um West-Berlin entsteht 1961, weil drei Millionen Menschen aus der DDR geflüchtet waren.*

## 1945-1989 | DIE HEISSESTE FRONT IM KALTEN KRIEG – DIE GETEILTE STADT

„Man sieht sie in den Ruinen herumstochern, gebrochen, betäubt, zitternd; hungrige menschliche Wesen ohne Willen, Lebenszweck oder Ziel, reduziert auf animalische Funktionen wie Nahrungs- oder Obdachsuche, um den nächsten Tag

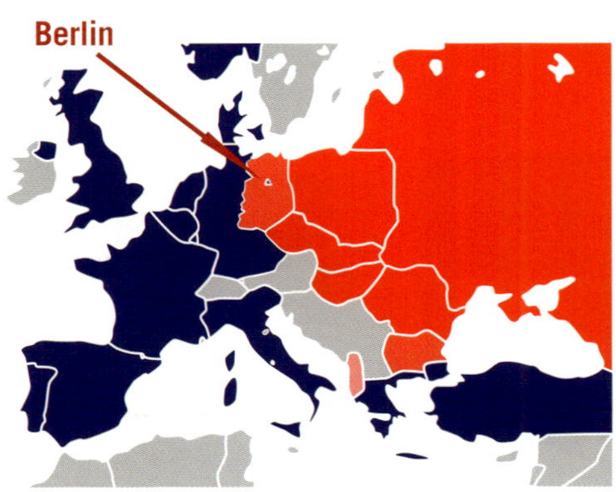


*West-Berlin ist die Frontstadt des Kalten Krieges, eine Insel mitten in der DDR mit drei Luftkorridoren.*

*Unter den Linden 1945. Die Kühe grasen im Hof der Humboldt-Universität, die Staatsoper hinten.*

*2. Mai 1945. Das Foto von Jewgeni Chaldej wird zur Ikone der Bildgeschichte. Es steht im kollektiven Bewusstsein für das Ende des Zweiten Weltkriegs. „Das Banner des Sieges" wird in Moskau sofort veröffentlicht.*

lebendig zu erleben." Das schrieb der US-Korrespondent William L. Shirer über die ersten Tage nach Kriegsende. Berlin war das größte Trümmerfeld Europas. In den elf Wochen zuvor waren 200 000 Menschen geflohen. Von 4,3 Millionen Berlinern waren noch 2,7 Millionen da, zwei Drittel Frauen, die meisten anderen Kinder. In den Tagen vor und nach der Kapitulation wurden ungezählte Berlinerinnen von Rotarmisten vergewaltigt. „Es ist erstaunlich, wie schnell alles in Gang kommt, Bürger tragen Schutthaufen ab, in Friedenau gibt es wieder Wasser", schrieb Margret Boveri am 13. Mai 1945 in ihr Tagebuch.

*1945. Die Weinstube Lutter & Wegner am Gendarmenmarkt in der Charlottenstraße. Das Restaurant sieht heute nur etwas anders aus. Party muss sein – das zieht sich in Berlin durch alle Zeiten.*

*Eine C-54 landet in Tempelhof. Die sowjetische Besatzungsmacht blockiert die Zufahrtswege nach West-Berlin. In 15 Monaten versorgen 278 000 Flüge der Berliner Luftbrücke 2,2 Millionen Menschen.*

## BLOCKADE UND LUFTBRÜCKE

Lucky Strike und Pall Mall waren die sicherste Währung auf dem blühenden Schwarzmarkt. In den eisigen Wintern 1946/47 und 1947/48 gab es fast nur Tauschhandel. Erst am Montag, dem 21. Juni 1948, wurde die Deutsche Mark in den West-Zonen und dann in West-Berlin eingeführt; die Sowjets sperrten daraufhin alle Zufahrtswege nach West-Berlin. General Lucius D. Clay, der US-Militärgouverneur, fackelte nicht lange: In wenigen Tagen stellte er eine Luftbrücke auf die Beine, die West-Berlin mit Lebensmitteln und Kohlen versorgte. Produkte „Hergestellt im blockierten Berlin" wurden ausgeflogen. Gail Halvorsen war der erste Pilot, der Schokolade und Kaugummi aus dem „Rosinenbomber" warf.

*Mit dem Tag der Währungsreform werden die alten Hundertmark-Scheine wertlos, die D-Mark wird in den Westzonen eingeführt. Die Währungsreform dient als Vorwand für die Berlin-Blockade.*

*Am 17. Juni 1953 zerschlagen sowjetische Truppen den ersten Aufstand im Ostblock. Am Leipziger Platz greifen Demonstranten mit Steinen Panzer an. Dem demokratischen Westen geht es wirtschaftlich besser.*

## 17. JUNI 1953, AUFSTAND IN OST-BERLIN

Es war der erste von vielen Aufständen im Osten. 1956 folgte Polen, 1968 Prag. Immer rollten sowjetische Panzer in die „Arbeiter- und Bauernstaaten", immer gab es Tote, und immer wurden „westliche Agenten" verantwortlich gemacht.

Ein Jahr zuvor, im Juli 1952, hatte die Sozialistische Einheitspartei der DDR (SED) beschlossen, den „Sozialismus forciert aufzubauen". Es sollte mehr gearbeitet werden, ohne Lohnerhöhung. Die Versorgungslage in der DDR war katastrophal, es gab weniger zu essen als im Krieg. Das Wohlstandsgefälle zum Westen wuchs. 180 000 Menschen flüchteten 1952 in den Westen, 331 000 im Jahr 1953. Die DDR musste hohe Reparationen an die UdSSR zahlen, gab viel für Rüstung und Schwerindustrie aus. Auf den Baustellen der Stalinallee begannen die Streiks.

*Demonstranten aus dem Osten ziehen durch das Brandenburger Tor in den Westen. Seitdem ist dies die Straße des 17. Juni. Walter Ulbricht, der starke Mann der SED und der DDR, ist Stalins Statthalter.*

*Terra incognita: Der Westen ist weiß. Der Stadtplan des volkseigenen Tourist Verlags aus dem Jahr 1980 endet an der Mauer. U-Bahnlinien fehlen. West-Berliner Stadtpläne zeigen stets die gesamte Stadt.*

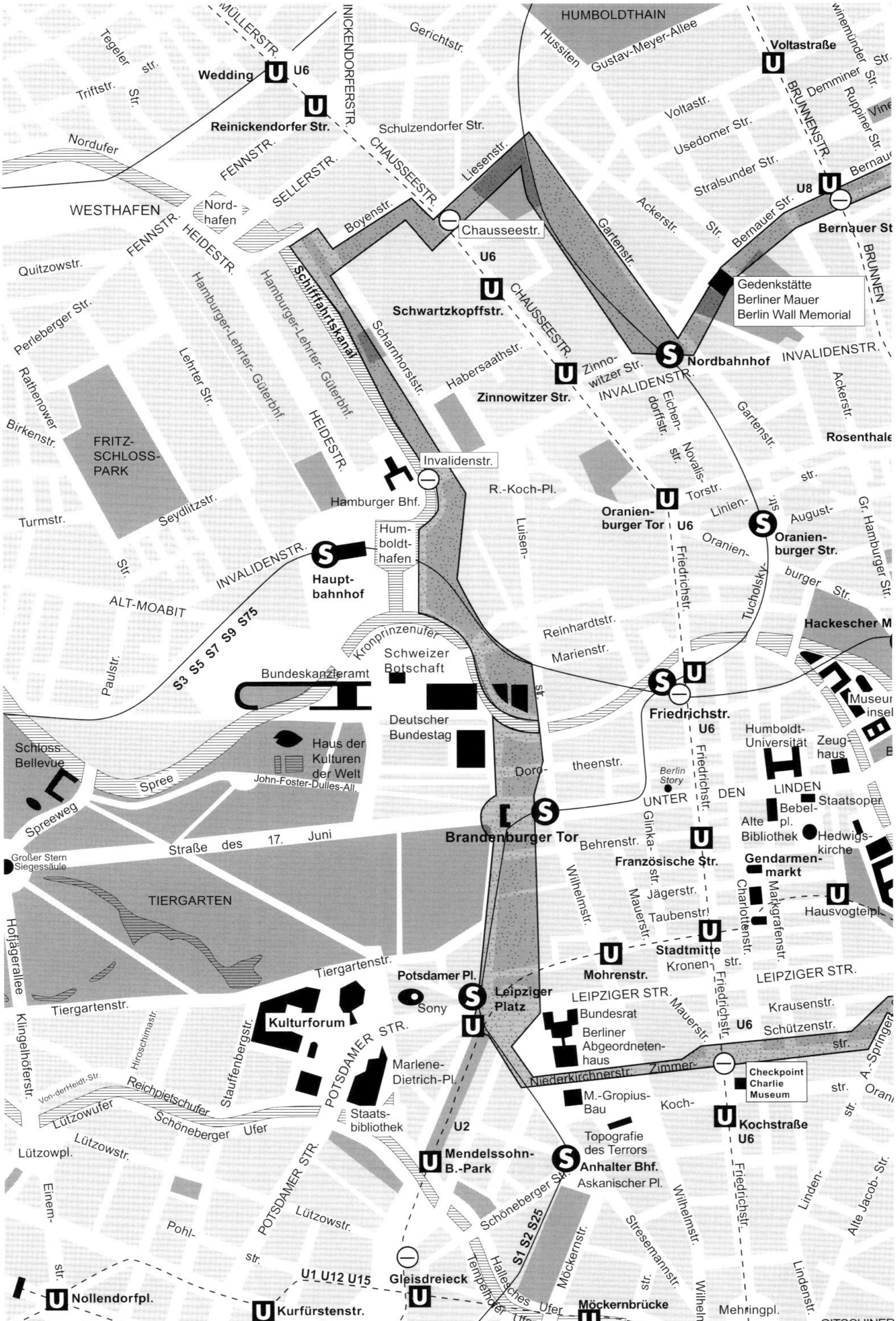


*Die Mauer teilt Berlin zwischen dem 13. August 1961 und dem 9. November 1989. Während der Mauerzeit fährt die U6 durch „Geisterbahnhöfe" unter Ost-Berlin hindurch. Eingemauert ist der Westen.*

*Der 19-jährige Soldat der Grenztruppen Conrad Schumann springt am 15. August 1961 in den Westen. Peter Leibing fotografiert diese Szene, die auch gefilmt wird. An der Bernauer Straße liegt erst dieser Stacheldraht.*

## 13. AUGUST 1961, DER BAU DER MAUER

Die DDR konnte die eigenen Bürger nicht überzeugen, dass der Sozialismus überlegen sei. Gerade die Jugend, die für das neue System gewonnen werden sollte, glaubte nicht an ihre Zukunft in diesem Staat. Die Hälfte aller Flüchtlinge war noch keine 25 Jahre alt. Von der Gründung der DDR 1949 bis zum Bau der Mauer 1961 verließ jeder sechste Ostdeutsche das Land – vor allem die jungen, aufgeweckten, aufstiegsorientierten.

Der Bau der Mauer an einem Sonntagmorgen kam überraschend. West-Berlins Politiker ahnten nichts. Erschütternde Szenen spielten sich ab. 50 000 Ost-Berliner konnten nicht mehr zu ihren Arbeitsplätzen im Westen. Es lag die Angst vor dem Dritten

*Familien werden auseinandergerissen. 28 Jahre teilt die Mauer Berlin, sogar 37 Jahre die Zonengrenze Ost- und Westdeutschland. Hunderte kommen bei Fluchtversuchen in den freien Westen ums Leben.*

*Am 27. Oktober 1961 kommt es zur Konfrontation am Checkpoint Charlie. Sowjetische Panzer rollen in Berlin Mitte (hinten) auf. Die Amerikaner (vorn, Kreuzberg West-Berlin) rasen ihnen entgegen.*

Weltkrieg in der Luft. Und noch waren die Narben des Krieges nicht verheilt, war Berlin noch nicht wieder aufgebaut.

250 000 West-Berliner forderten die USA auf, etwas zu tun, doch die respektierten die sowjetische Einflusssphäre. Vizepräsident Johnson kam und brachte Lucius D. Clay mit, der die Luftbrücke durchgesetzt hatte. Er wurde für die West-Berliner zum Fels in der Brandung und als persönlicher Vertreter von John F. Kennedy in Berlin zum Garanten der Freiheit.

## VIER GENERATIONEN MAUER

Von der Stacheldrahtrolle bis zur Mauer aus vorgefertigten L-förmigen Beton-

*West-Berliner Polizisten stehen am 31. Oktober 1961 im Westen vor dem Brandenburger Tor hinter Stacheldraht. Den haben britische Soldaten ausgerollt, um unüberlegte Protestaktionen zu verhindern.*

*Eine Familie flüchtet am 17. August 1961 durch ein Parterre-Fenster über die Bernauer Straße. Das Haus gehört zum Osten, der Bürgersteig ist bereits Westen. In den ersten Tagen gelingt noch vielen die Flucht.*

teilen von 3,60 Höhe brauchte die DDR anderthalb Jahrzehnte. Stadtentwickler des Berliner Senates sehen das so: „Das Großbauwerk Berliner Mauer war eine komplexe, sich kontinuierlich verändernde, immer undurchdringlicher werdende Barriere, die aus einem breiten Todesstreifen mit zahlreichen Sperr- und Überwachungselementen bestand. An exponierten Orten wie dem Potsdamer Platz dehnte sich der in der Regel rund 70 Meter breite Grenzstreifen auf bis zu 500 Metern aus. Die ‚Grenzsicherungsanlage 90' sollte elektronisch durch Sensoren, Infrarotschranken, Vibrations- und Signalmelder sowie automatische Such-

*Der Potsdamer Platz im November 1975. Die Mauer ist 3,60 Meter hoch. Es folgen Todesstreifen, Panzersperren und Zäune im Osten. Im Hintergrund die Ruine von „Haus Vaterland", einst Amüsiertempel.*

*Am 26. Juni 1963 besucht John F. Kennedy Berlin. Neben ihm Willy Brandt, der Regierende Bürgermeister von Berlin, und Bundeskanzler Konrad Adenauer. Eine Millionen Berliner sind auf den Straßen.*

scheinwerfer aufrüsten. Doch vor der Umsetzung dieser ‚High-Tech-Grenze' brach der Staat zusammen."

## „ICH BIN EIN BERLINER"

Als John F. Kennedy zum 15. Jahrestag der Berliner Blockade 1963 kam, schien die Teilung Deutschlands zementiert. Dann aber hörte eine Million Berliner auf dem Platz vor dem Schöneberger Rathaus seine Worte: „All free men, wherever they may live, are citizens of Berlin, and, therefore, as a free man, I take pride in the words ‚Ich bin ein Berliner'!" Der Begehrlichkeit der Sowjets war nun ein Riegel vorgeschoben. Zuvor hatte Nikita Chruschtschow mehrfach versucht, die Westmächte mit Ultimaten und Schikanen aus Berlin zu vertreiben.

*Berlin jubelt. „Ich bin ein Berliner" – die Rede vom Balkon des Rathaus Schöneberg. Manche Berliner meinen, Kennedy käme etwas spät, zwei Jahre nach dem Mauerbau.*

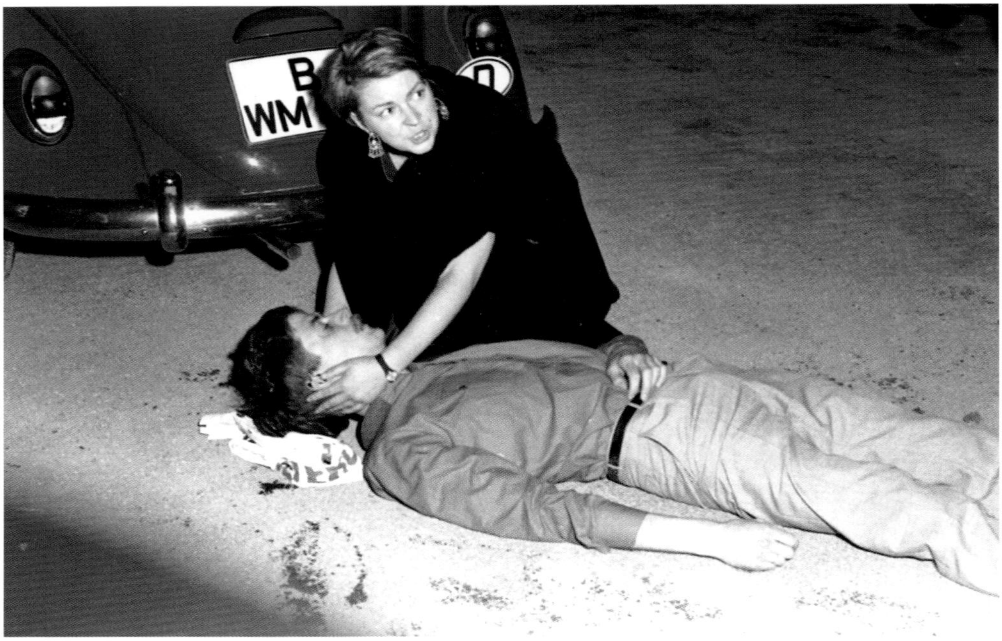


*Der Student Benno Ohnesorg wird am 2. Juni 1967 vom Polizisten Karl-Heinz Kurras am Rande einer Demonstration gegen den Schah von Persien erschossen. Kurras war bei der Stasi. Das wurde erst 2009 aufgedeckt.*

## STUDENTENBEWEGUNG 1968

Nur vier Jahre später war eine völlig neue Zeit angebrochen. Viele West-Berliner Studenten kritisierten den Vietnamkrieg der USA, sie brandmarkten die totalitären Systeme in Spanien, Portugal, Griechenland und der Türkei. Durch die Notstandsgesetze, so meinten sie, könnte in der Bundesrepublik Opposition unterdrückt werden. Sie sahen in Axel Springer und seinem Konzern mit der „Bild"-Zeitung eine Gefahr.

Ältere Menschen dagegen und viele Politiker fühlten sich an die Wirren der Weimarer Republik erinnert. Sie wollten ein ruhiges System, waren mit dem Wirtschaftsaufschwung ebenso zufrieden wie mit dem Zustand der Demokratie. Zwei scheinbar unversöhnliche Ideenwelten standen sich gegenüber.

Ob Sumatra oder Brasil
Das war die Antwort Berlins
Glühfix würzt den Glühwein richtig.
Donnerstag, 22. Februar 1968 · 15 Pf
Bild
ZEITUNG
BERLIN
150000 vor dem Rathaus
Schütz: Wir lassen nicht zu, daß man den

*Kundgebung pro Amerika vor dem Rathaus Schöneberg. Viele Berliner und BILD denken an die Luftbrücke, die Mauer und Kennedy. Die gesellschaftlichen Widersprüche entladen sich in militanten Spannungen, in Unruhen.*

*Studentenführer Rudi Dutschke versucht am 27. November 1967 zu Beginn des Prozesses gegen den Kommunarden Fritz Teufel das Gericht zu stürmen. Dutschke wird später angeschossen.*

In Berlin erschoss ein Polizist am 2. Juni 1967 den Studenten Benno Ohnesorg, während der Schah von Persien, dem Demonstranten die Unterdrückung seines Volkes vorhielten, die „Zauberflöte" genoss. Der Todesschütze Karl-Heinz Kurras war aktiver Mitarbeiter der Staatssicherheit in Ost-Berlin, er war bezahlter Spitzel. Das kam erst 2009 heraus, lange nach dem Fall der Mauer und seiner Pensionierung.

Die Studentenbewegung fand nur im Westen statt. Über ein Jahr dauerten die Ausschreitungen. Dann spaltete sich ein kleines terroristisches Lager ab, die „Rote Armee Fraktion". Weit mehr Aktivisten wurden zu Hippies, andere begannen den Marsch durch die Institutionen, wurden Lehrer, Professoren – oder Außenminister.

*Nach dem Attentat eines Rechtsradikalen auf Rudi Dutschke setzen am 11. April 1968 Demonstranten Fahrzeuge des Springer-Konzerns in Brand. Dem Verleger wird Hetze vorgeworfen.*

*12. August 1951. Weltjugendfestspiele in Ost-Berlin. Stalin im Lustgarten vor dem Dom. 26 000 Teilnehmer aus sozialistischen Ländern sowie sozialistischen Organisationen westlicher Länder kommen.*

*Gleichzeitig werden Regimekritiker aus West-Berlin in den Osten verschleppt. Die DDR will ihr internationales Ansehen stärken. Im Westen werden die Veranstaltungen in den folgenden Jahren immer weniger beachtet.*

Lässt sich eine Gesellschaft aufbauen mit Enthusiasmus, Begeisterung, frohem Schaffen und der Hoffnung auf ein gerechtes, gleiches und friedliches Leben? Diese Vision ist in unterschiedlichen Ausprägungen in der DDR, in Cuba, in Russland und in China misslungen. Offensichtlich hat der persönliche Lebensentwurf Vorrang vor fremdbestimmten, oktroyierten und kollektiven Gesellschaftsbildern.

*1960, der Märchenbrunnen im Volkspark Friedrichshain. Er wird in der DDR gepflegt und restauriert, obwohl er aus der Kaiserzeit stammt (1896 beschlossen, 1913 fertiggestellt).*

Die DDR litt unter ihrem aus der Sowjetunion importierten, stalinistischen Sozialismus. Nicht das Volk hatte am Ende des Zweiten Weltkriegs eine neue Gesellschaftsform erkämpft, sondern die ungeliebte Besatzungsmacht bestimmte die neuen Regeln. Ungeliebt wegen der Vergewaltigungen direkt nach dem Krieg, aber auch, weil die DDR wirtschaftlich ausgeblutet wurde, während die USA den Westen Deutschlands aufpäppelten.

Die Parteiführung der DDR war während des Zweiten Weltkriegs in Moskau stationiert gewesen, wurde am 30. April 1945 nach Deutschland geflogen und baute umgehend eine Diktatur nach sowjetischem Vorbild auf.

*Stalinallee. „Arbeiterpaläste" werden für die Werktätigen gebaut, wo einst die Schlacht um Berlin tobte (S. 41 unten). Auf diesen Baustellen formiert sich der Aufstand des 17. Juni 1953 (S. 45).*

Die anderen Deutschen, im Westen, konnten nach Italien in Urlaub fahren wie einst Goethe, sie hatten moderne Haushaltsgeräte, schicke Autos, eine blühende Konsumgesellschaft. Die Menschen im grauen, ineffizienten Sozialismus dagegen brauchten enorme Überzeugungskraft, um an die Überlegenheit ihres Systems zu glauben. Zudem waren gerade die jungen, gut ausgebildeten und leistungsfähigen Bürger geflüchtet; zurück blieben oft jene, die träge waren oder ihre Familie nicht allein lassen wollten.

*1968. Der Fernsehturm auf dem Alexanderplatz wird gebaut, eine Glanzleistung der Ingenieurskunst. Walter Ulbricht, Chef der SED, will ihn genau hier, nicht im Volkspark Friedrichshain.*

*Betriebskampfgruppen der DDR marschieren am 1. Mai 1983 zum Alexanderplatz. In den paramilitärischen Einheiten waren meist Mitglieder der Sozialistischen Einheitspartei Deutschlands, SED.*

## DIE ACHTZIGER JAHRE OST UND WEST

Zwei Jahrzehnte nach dem Mauerbau hatte man sich auf die Situation eingerichtet, im Osten wie im Westen. Die Gesellschaften drifteten auseinander. Zu Besuch kamen aus dem Osten in den Westen nur Rentner. Es wurden weniger Pakete mit Lebensmittel in den Osten geschickt, weil es auch in der DDR das Nötigste ausreichend gab. In der SED-Diktatur machte sich Opportunismus breit. Im Gleichschritt marschierte die Gesellschaft mit. Privat durfte man schlecht über das System reden, Witze waren Blitzableiter wie in allen autoritären, diktatorischen Systemen. Opposition kam dagegen fast nur unter dem Schirm der evangelischen Kirche vor.

Auch in West-Berlin hatte sich der

*Der Reichstag ohne Kuppel, mit volkstümlichem Fußballfeld. „Dem deutschen Volke" steht nämlich am Gebäude. Mehrere Mannschaften gleichzeitig können hier in den 70er, 80er und 90er Jahren spielen.*

*Am 12. Juni 1987 spricht US-Präsident Ronald Reagan vor dem Brandenburger Tor. „Mr. Gorbachev, open this gate! Mr. Gorbachev, tear down this wall!" Es dauert nur noch zwei Jahre.*

Wunsch nach Wiedervereinigung verflüchtigt. Die Wirtschaft wurde von der Bundesrepublik unterstützt. Wer nicht zur Bundeswehr wollte, kam nach West-Berlin. Es war eine strahlende Insel mitten im Sozialismus. Die Mauer war Alltag geworden, ihren Schrecken hatte sie verloren.

Aber dieses Bild stimmt nicht ganz. Einige wenige Deutsche hielten an der Einheit fest – und wurden als Revanchisten beschimpft. Auch Ronald Reagan und viele andere Amerikaner wollten sich nicht mit der Teilung des Landes abfinden, ebenso wenig mit dem Sozialismus auf der Welt. Als aus der Sowjetunion erste Signale politischer Öffnung spürbar wurden, als in der DDR nichts mehr weiterging, Wirtschaft und Städte verfielen, verschafften sich oppositionelle Kräfte das Wort.

*21. Oktober 1989. Günter Schabowski, Mitglied im Politbüro und Chef der SED-Bezirksleitung Berlin der SED, geht auf Demonstranten zu. Das hat es vorher nicht gegeben. Die SED schwankt bereits erheblich.*

*Am 4. November 1989 sammeln sich hunderttausende Menschen auf dem Alexanderplatz. Es ist die größte unabhängige Demonstration in der Geschichte der DDR. Sie geht vom Volk aus, nicht von der Partei.*

## DER FALL DER MAUER 1989

Die einen konnten nicht mehr, die anderen wollten nicht mehr. So kam es zur Revolution, zur Friedlichen Revolution. Seit Gorbatschow mit seinen Reformvorstellungen in der Sowjetunion an der Macht war, hatten die greisen Herrscher der DDR keinen „großen Bruder mehr" – und keine eigenen Ideen, wie es weitergehen könnte. Sie nahmen Milliardenkredite in West-Deutschland auf. Das half auch dem Staatssicherheitsdienst (Stasi) nicht. Alles mithören und alles Wissen schafft keine Perspektive. Unglaublich: 90 000 Hauptamtliche und 180 000 IM, informelle Mitarbeiter, hatte das Ministerium 1989. Im Sommer öffnete Ungarn seine Grenze nach Österreich. Tausende machten sich auf in den Urlaub und waren nie wieder gesehen in der DDR –

*Checkpoint Charlie, 9. November 1989, nach 23:14 Uhr. Günter Schabowski hatte zuvor zur neuen Reiseregelung im Fernsehen gesagt: „Das tritt nach meiner Kenntnis… ist das sofort, unverzüglich."*

*10. November 1989. Die italienische Journalistin Maria Luisa Cocozza berichtet am 10. November 1989 live vom Fall der Mauer. Die Deutschen liegen sich mit Tränen in den Augen in den Armen.*

sie ließen alles zurück. Andere kletterten über die Mauern der bundesdeutschen Botschaft in Prag.

In der DDR formierte sich nun die Opposition. Es waren zunächst wenige hundert Bürgerrechtler, aufrechte Menschen, doch noch längst keine Massenbewegung. Denn noch war Kritik am sozialistischen System gefährlich.

In China war im Juni 1989 eine unabhängige Großdemonstration auf dem Platz des himmlischen Friedens zusammengeschossen worden. Immer schwebte diese Erfahrung über den Ereignissen in Berlin. Würde die SED-Regierung wieder auf das Volk schießen? Die alte Parteiführung wurde nach dem 40. Jahrestag der DDR im Oktober 1989 ausgewechselt, doch die neue kam nicht richtig in den Sattel. Reformen, vor allem Reisefreiheit, sollten das System am Leben erhalten.

Völlig unvorbereitet verkündete der neue Sprecher des Politbüros Günter Schabowski am 9. November 1989, das Volk dürfe „ab sofort“ ausreisen. Im West-Fernsehen wurde dieses Missverständnis an diesem Abend oft wiederholt. An den Grenzübergängen von Ost- nach West-Berlin kam es zu nie gesehenen Szenen: Massenhaft drängte das Volk, bis die Schranken geöffnet wurden. Die alten Herren der DDR-Regierung lagen derweil schon im Bett. Jetzt wächst zusammen, was zusammen gehört.

*Bundeskanzler Helmut Kohl und Bundespräsident Richard von Weizsäcker bei der Feier der Deutschen Einheit unmittelbar nach Anbruch des 3. Oktober 1990 am Reichstag.*

*1994 ziehen die Alliierten ab. Amerikaner, Engländer und Franzosen haben die Freiheit West-Berlins seit 1945 garantiert. Die sowjetischen Truppen marschieren getrennt ab. Berlin wird wieder souverän.*

*Bürgerrechtler und Oppositionelle der DDR stürmen am 15. Januar 1990 die Zentrale der Staatssicherheit in Berlin. Diese Akten werden für die Aufarbeitung der SED-Diktatur entscheidend sein.*

## BERLIN HEUTE

Berlin ist Party für alle – und ab jetzt wird gefeiert. 1994 zum Beispiel der Abzug der Alliierten: der Amerikaner, Engländer und Franzosen. Das Besatzungsrecht in Berlin galt bis zuletzt. Der Regierende Bürgermeister musste jeden Montag zum US-Stadtkommandanten zum Rapport – nicht, um Kaffee zu trinken.

Die DDR-Vergangenheit wird gründlich aufgearbeitet, nichts soll unter den Tisch gekehrt werden. Es gibt eine Bundesbehörde für die Stasi-Unterlagen und einen Landesbeauftragten, der sich nur mit Fragen des Unrechts in der DDR befasst. Mit der gründlichen Aufarbeitung der NS-Diktatur hatte es länger gedauert; viele wollten die Nazi-Zeit verdrängen. Auch dass die Elterngeneration verstummt war, nicht über die Vernichtung der Juden sprechen wollte, führte zu 1968.

*Der verhüllte Reichstag 1995, das erste große Ereignis, das Berliner aus Ost und West zusammenführt. Jeanne-Claude und Christo planen 23 Jahre, der Bundestag stimmt namentlich über die Genehmigung ab.*

Erste große Feier für Ost und West war die Verhüllung des Reichstags durch Christo. Dieses Symbol des Parlamentarismus in künstlerischer Überhöhung erfüllte Millionen mit einem Glücksgefühl gemeinsamen Friedens. Berlin feiert den Aufbau des Potsdamer Platzes, dieser Wüste zwischen Ost und West, die nun wieder zum Leben erweckt wird.

Jeder engagierte Berliner wird jetzt zum Stadtplaner. Wie soll unser Berlin jetzt aussehen? Kann man Bauherren zugestehen, in die historische Mitte moderne Hochhäuser zu bauen? Wird die Stadtstruktur aufgelöst, um ein neues Berlin zu schaffen – wie nach dem Krieg in Ost und West? Oder knüpfen wir auch im Stadtbild an unsere Vergangenheit an?

*Der Potsdamer Platz 1996, die größte Baustelle Europas. Taucher gießen die Fundamente, weil der Grundwasserspiegel nur knapp unter der Oberfläche liegt. Ein neues Zentrum entsteht.*

*Die Loveparade 1999. Das Event prägte über viele Jahre als größte Tanzveranstaltung der Welt das Bild Berlins als Partystadt. Millionen Menschen tanzten zunächst auf dem Kudamm, später auf der Straße des 17. Juni.*

Zwanzig Jahre nach dem Fall der Mauer kommen die Besucher scharenweise – Berlin ist weltweit extrem hip geworden. Doch sie können nichts mehr von der Mauer finden. Eine neue Debatte beginnt, wie die Spuren der mörderischen Teilung im Stadtbild erkennbar zu machen sein könnten.

Junge Leute wissen nicht mehr so genau, wo Ost und wo West war. Gehörte der wohlhabende, schicke Bezirk Prenzlauer Berg nicht zum Westen? Und Neukölln oder Wedding, diese Armutsbezirke, war das nicht vielleicht Osten?

Auch grämen sich viele Menschen im Osten, die ihr Leben in der DDR als nicht anerkannte Zeit sehen.

*Die Fußballweltmeisterschaft in Berlin 2006. Deutschland wird Dritter, nur Italien und Frankreich haben sich vorgedrängelt. Wir feiern trotzdem, Party für alle, das können wir in Berlin super.*

*2007. Der Palast der Republik wird abgetragen. Nach langer gesellschaftlicher Debatte beschließt der Deutsche Bundestag mit zwei Drittel Mehrheit den Aufbau des Schlosses zur öffentlichen Nutzung.*

Berlin ist immer im Werden, nie im Sein. Nie fertig, immer dynamisch, schnell, auf Veränderung aus. Das ist der eine Strang, der sich durch die Geschichte zieht. Der andere ist Toleranz. Als Friedrich der Große sagte: „Hier soll jeder nach seiner Facon glücklich werden", bezog sich das auf die Religion: „Und wenn die Türken kommen, bauen wir ihnen Moscheen." Jetzt sind die Türken da, Moscheen auch. Der türkische Mittelstand ist leistungsbewusst. Integrationsprobleme gibt es mit arabischen und türkischen Familien, die nicht mithalten können, bildungsfern sind. Hätte wohl Friedrich Druck auf sie gemacht? In jedem Fall setzt sich seine Geisteshaltung heute fort: Toleranz ist ein bestimmendes Merkmal der Stadt. Der Regierende Bürgermeister outet sich als Homosexueller; ehemalige Kommunisten aus Ost-Berlin sitzen unter neuem Namen im Abgeordnetenhaus, dem Parlament Berlins, und sind sogar Teil der Regierung. Es ist unkompliziert in Berlin zu leben, im Vergleich zu anderen Metropolen preiswert. Deswegen kommen wieder so viele junge Menschen aus allen Ländern nach Berlin. Freiheitsliebe ist ihnen ebenso wichtig wie den Einheimischen. Sie bringen Tatkraft mit und die Leidenschaft, in Berlin etwas auf die Beine zu stellen. Hier bekommt jeder seine Chance. Mit oder ohne Atempause.

*Das Schloss wird wieder aufgebaut, mit Kuppel. 500 Jahre prägte es Berlin. Mit diese Attrappe aus Kunststoffbahnen 1994/95 kann der Schlossverein Politiker und Bürger überzeugen.*

# CHRONIK

- 1237 Erste urkundliche Erwähnung Cöllns
- 1244 Erste urkundliche Erwähnung Berlins
- 1443-1451 entsteht das erste Stadtschloss
- Friedrich Wilhelm Kurfürst von Brandenburg 1620-1688
- 1618-1648 Dreißigjähriger Krieg
- Friedrich III./I. Kurfürst von Brandenburg, König in Preußen 1657-1713, Kurfürst 1688-1701, König 1701-1713
- Friedrich Wilhelm I. König in Preußen 1688-1740 reg. 1713-1740
- Friedrich II. König von Preußen, der Große 1712-1786 reg. 1740-1786
- 1756 bis 1763: Siebenjähriger Krieg
- Friedrich Wilhelm II. König von Preußen 1744-1797 reg. 1786-1797
- Friedrich Wilhelm III. König von Preußen 1770-1840 reg. 1797-1840
- 1806 mit Napoléons Einzug durchs Brandenburger Tor beginnt die Zeit der französischen Besetzung Berlins (bis Dezember 1808)
- Friedrich Wilhelm IV. König von Preußen 1795-1861 reg. 1840-1858, Übergabe der Regentschaft an seinen Bruder Wilhelm
- 1848 Märzrevolution
- Wilhelm I. König von Preußen, Deutscher Kaiser 1797-1888 Prinzregent seit 1858, König seit 1861, Kaiser seit 1871
- 1871 Gründung des Deutschen Kaiserreiches in Versailles
- Friedrich III. König von Preußen, Deutscher Kaiser 1831-1888 reg. 9. März-15. Juni 1888
- Wilhelm II. König von Preußen, Deutscher Kaiser 1859-1941 reg. 1888-1918
- 1914-1918 Erster Weltkrieg
- 1918-1933 Weimarer Republik
- 30. Januar 1933 Ernennung Hitlers zum Reichskanzler
- 1939-1945 Zweiter Weltkrieg
- 1945 Teilung Berlins in vier Sektoren
- 24. Juni 1948 bis 12. Mai 1949 Berlin-Blockade
- 1949-1989 DDR
- 13. August 1961 Bau der Berliner Mauer
- 9. November 1989 Fall der Mauer
- 1994 Abzug der Alliierten aus Berlin
- 2006 Fußball-WM in Berlin
- 2010 200-jähriges Jubiläum der Humboldt-Universität

Bildnachweis
Agentur Laif/Wolfgang Volz 61o; Archiv Autor 5, 6u, 7o, 8 (2), 9u, 10o, 11 (2), 12ul, 12ur, 13u, 14o, 15o, 16u, 17o, 17u, 19 (2), 20u, 21o, 22u, 23 (2), 25u, 29o, 33u, 34o, 40u, 41o, 44u, 46, 55o, Backcover l1, m1/2; Archiv Bienert/Buchholz 2, 28u; Archiv Ernst Volland und Heinz Krimmer 40o, 43o, Backcover r3; Archiv für Kunst und Geschichte akg-images Berlin 22o, 60u.; Berlin Story Verlag 47, Ausstellung Berlin Story 34u, 38o, 49o; Bildarchiv Preußischer Kulturbesitz 6o, 13o, 16o, 27o; Bundesarchiv, 183-R84685, o.Ang., 25o, 183-K0625-0500-013, o.Ang., 26o, 102-05494, o.Ang., 29u, 102-03497A, o.Ang., 31u, B 145 Bild-P049378, Carl Weinrother, 32u, 102-16854, o.Ang., 35u, 183-J05235, Schwahn, 36o, Backcover m3, 183-D0217-0002-007, o.Ang., 42ur, 183-76791-0001-Berlin-15, Horst Sturm, 45ur, 183-1989-1104-437, Bernd Settnik, 58o, 183-1989-1110-018, Klaus Oberst, 58u; dpa 59u; Gedenkstätte Deutscher Widerstand 36u, 37o; Wieland Giebel 4, 37u, 60o, 61u, 62o, 63 (u); Johannes Großer 14o, Backcover r1; Udo Hesse 56o; Jürgen Henschel 52o, Backcover r4; Historiale e.V. 64; Ronny Hopisch 63o; Karl-Heinz Kraemer 55u; Landesarchiv Berlin 21u, 24 (2), 26u, 27u, 30 (2), 32o, 35o, 38u, 43u, 45ul, 49u, 50o, 51o, 52u, 54 (2), 56u, 57 (2), 62u, Backcover l1/5, r2/5; Landesarchiv Berlin/Max Jacoby Frontcover o; Klaus Lehnartz (photonet.de) 53o; Marika Großer Verlag 14u; National Archives Washington D.C. 33o, 39 (2); Radio Monte Carlo 59o, Backcover m5; Staatsarchiv Hamburg 48o, Frontcover u; Sveriges Television Archives 28o, 31o; Unternehmensarchiv/Infopool Axel Springer 52u, 53u; US Air Force Historical Research Agency 44o, Backcover l4; US Information Service 45o, 51u, Backcover m4; Wikimedia Commons public domain 7u, 9o, 10ul, 10ur, 12o, 15u, 18 (2), 20o, 41u, 48u, Backcover l2; Ssolbergj/MK/Wikimedia Commons CC-BY-SA 3.0 42ul; Ziko van Dijk/Wikimedia Commons CC-BY-SA 2.5 61u, Edward Valachoviv/Wikimedia Commons CC-BY-SA 2.0 50u
Sollten trotz unserer Recherchen Bildrechte nicht berücksichtigt worden sein, erfüllen wir berechtigte Honorarforderungen selbstverständlich unmittelbar gemäß MFM-Empfehlung.

*Historiale, das Geschichtsfestival. Mitarbeiter der Berlin Story und der Historiale (vor Marx und Engels) machen Geschichte lebendig. 2008 um die Zeit Friedrichs des Großen, das 18. Jahrhundert.*